BEI GRIN MACHT SICH IHR WISSEN BEZAHLT

AF168346

- Wir veröffentlichen Ihre Hausarbeit, Bachelor- und Masterarbeit

- Ihr eigenes eBook und Buch - weltweit in allen wichtigen Shops

- Verdienen Sie an jedem Verkauf

Jetzt bei www.GRIN.com hochladen und kostenlos publizieren

Bibliografische Information der Deutschen Nationalbibliothek:

Die Deutsche Bibliothek verzeichnet diese Publikation in der Deutschen National-
bibliografie; detaillierte bibliografische Daten sind im Internet über http://dnb.d-
nb.de/ abrufbar.

Impressum:

Copyright © 2010 GRIN Verlag, Open Publishing GmbH
Druck und Bindung: Books on Demand GmbH, Norderstedt Germany
ISBN: 9783656840152

Dieses Buch bei GRIN:

http://www.grin.com/de/e-book/145752/wilhelmine-reichard

Ernst Probst

Wilhelmine Reichard

Die erste Ballonfahrerin in Deutschland

GRIN Verlag

GRIN - Your knowledge has value

Der GRIN Verlag publiziert seit 1998 wissenschaftliche Arbeiten von Studenten, Hochschullehrern und anderen Akademikern als eBook und gedrucktes Buch. Die Verlagswebsite www.grin.com ist die ideale Plattform zur Veröffentlichung von Hausarbeiten, Abschlussarbeiten, wissenschaftlichen Aufsätzen, Dissertationen und Fachbüchern.

Ernst Probst

Wilhelmine Reichard

Die erste Ballonfahrerin
in Deutschland

Wilhelmine Reichard (1788–1848)
gewidmet

Wilhelmine Reichhard (1788–1848)
Lithographie von Adolph Friedrich Kunike (1777–1838)

Kupferstich von Wilhelmine Reichard
aus dem Jahre 1811

Die erste Ballonfahrerin Deutschlands war Wilhelmine
Reichard (1788–1848), geborene Schmidt. Auf Anregung
und mit Unterstützung ihres Ehemannes, des Chemikers und
Aeronauten Gottfried Reichard (1786–1844), unternahm die
attraktive, zierliche, kleine und mutige Frau von 1811 bis 1820
an unterschiedlichen Startorten in Deutschland, Österreich,
Tschechien und Belgien insgesamt 17 abenteuerliche Fahrten.
Kenner der Luftfahrtgeschichte rühmen sie als Pionierin der
Luftfahrt.

Johanne Wilhelmine Siegmundine Schmidt (genannt „Minna“)
wurde am 2. April 1788 als drittes von insgesamt neun Kindern
ihrer Eltern in Braunschweig geboren. Ihr Vater Sigismund
David Schmidt diente als Mundschenk des Herzogs Karl
Wilhelm Ferdinand von Braunschweig und Lüneburg (1735–
1806) und als Opfermann in der St. Ulrici-Brüdernkirche. Das
ehrenvolle Amt als Mundschenk war wenig einträglich.
Deswegen konnte der Vater die neun Kinder, die seine Ehefrau
Juliana Wilhelmine Henriette Schmidt, geborene Luedecken,
von 1785 bis 1808 zur Welt brachte, nur mit Mühe ernähren.
Die Jugend von Wilhelmine wird als still, einfach und „unter
mancherlei Entbehrungen“ geschildert.

Im Alter von 17 oder 18 Jahren lernte die dunkelhaarige Wilhelmine den zwei Jahre älteren Johann Carl Gottfried Reichard kennen. Dieser hatte in der Buchdruckerei seines
Bruders das Schriftsetzerhandwerk erlernt und danach Che-
mie in Berlin studiert. 1805 war er in seine Geburtsstadt
Braunschweig zurückgekehrt und hatte sich in Wilhelmine
verliebt. Nachdem die 19-jährige Wilhelmine schwanger
geworden war, bestellte das Paar das Aufgebot und heiratete
am 6. August 1807 in Braunschweig. Noch im selben Jahr zog
das Paar nach Berlin. Am 16. Oktober 1807 brachte Wil-

Wilhelmine und Gottfried Reichard
Reproduktion eines alten Kunstwerkes

helmine eine Tochter zur Welt. Dieses Mädchen war ihr erstes von insgesamt acht Kindern. Es erhielt die Vornamen Siegmundine Caroline Friederike Christiane Elisabeth und den Rufnamen „Lina".

Die finanzielle Lage der jungen Familie war 1808/1809 nicht rosig. Gottfried Reichard musste mit verschiedenen Tätigkeiten den Lebensunterhalt verdienen. Er erteilte vor allem Privatstunden und hielt physikalische Experimental-Vorträge.

Während seines Studiums in Berlin hatte Gottfried Reichard am 23. Mai 1804 als Zuschauer einen Ballonstart miterlebt. Dieses Ereignis begeisterte ihn für die Ballonfahrt, obwohl jener Start missglückte. Am 16. September 1805 schaffte der Mathematiklehrer Wilhelm Jungius (1771–1819) in Berlin als erster Deutscher eine Ballonfahrt. Jungius stieg bis in 6.500 Meter Höhe auf, wo er ohnmächtig wurde. Ungeachtet dessen fand seine Ballonfahrt in der Nähe von Müncheberg ein gutes Ende. Jungius unternahm noch zwei weitere Ballonfahrten, am 19. Mai 1806 und gemeinsam mit dem Pädagogen Johann August Zeune (1778–1853) am 19. August 1810.

Ob Gottfried Reichard den ersten Ballonaufstieg von Wilhelm Jungius im Jahre 1805 in Berlin mit eigenen Augen verfolgt hat, ist unbekannt. Gesichert ist sein reger Gedankenaustausch mit Jungius, mit dem er lebenslang befreundet war. Am 3. Februar 1810 brachte Wilhelmine Reichard in Berlin ihren ersten Sohn Carl August Eusebius zur Welt.

Nach Anleitung von Wilhelm Jungius stellte Gottfried Reichard aus Mantuaner Taft selbst einen Gasballon her. Den für eine Ballonfahrt benötigten Wasserstoff erzeugte Reichard durch das Mischen und Erhitzen von Schwefelsäure, Eisenspänen und Wasser. Für eine einzige Füllung der Ballonhülle mit einem Durchmesser von 8,70 Metern benötigte man acht Hundertliter-Fässer Schwefelsäure, nahezu eine Tonne Eisenspäne und neun Hektoliter Wasser. Die Beschaffung und der Transport dieser Materialien mit Fuhrwerken verursachte hohe Kosten. Es vergingen Stunden, bis das Gas die an einem Holzgestänge aufgehängte Stoffhülle zum Ballon aufblähte. Das Füllen mit Schwefelsäure durfte nicht zu schnell erfolgen, weil die Flüssigkeit sonst aufbrauste und überquoll. Wenn man zu langsam vorging, bestand die Gefahr, dass zu viel Gas ungenutzt aus den Spundlöchern entwich.

Am 27. Mai 1810 startete Gottfried Reichard in Berlin als zweiter Deutscher nach Wilhelm Jungius zu seiner ersten Ballonfahrt, der weitere Fahrten folgten. Wilhelmine Reichard konnte es kaum erwarten, selbst eine Ballonfahrt zu unternehmen. Ihr Ehemann hatte Verständnis für ihren Wunsch, zeigte ihr, wie man mit einem Ballon umgeht und brachte ihr das nötige Wissen über chemikalische, physikalische und meteorologische Zusammenhänge bei. Seine Unterweisung erfolgte allerdings lediglich theoretisch, weil der zur Verfügung stehende Ballon nur eine Person transportieren konnte.

Wichtig war, dass der Einfüllschlauch geöffnet bleiben musste, weil sich das Gas bei abnehmendem Luftdruck ausdehnt. Wenn die Leinen losgelassen waren, konnte man Sand abwerfen, um schneller aufzusteigen. Falls man über den Wolken nicht mehr sicher war, ob der Ballon steigt oder fällt, konnte man ein Stück Papier fliegen lassen und beobachten, ob es nach unten oder oben abdriftete. Die jeweilige Höhe war zu ermitteln, indem man auf dem mitgeführten Barometer die Abnahme des Luftdrucks protokollierte und die Werte mit den gemessenen Temperaturunterschieden verrechnete. Durch

Öffnen einer Ventilklappe und Ablassen des Gases ließ sich weiteres Steigen verhindern oder der Abstieg einleiten.

Am Dienstag, 16. April 1811, nachmittags um drei Uhr, wagte die 23-jährige Wilhelmine Reichard im Garten der „Königlichen Tierarznei-Schule" in Berlin ihre erste Ballonfahrt. Es herrschte nebliges Wetter, als sie in den geflochtenen, mit Blumengirlanden geschmückten Korb stieg. Schätzungsweise 60.000 bis 80.000 Menschen sahen zu, als Wilhelmine bis in 5.171 Meter Höhe aufstieg. Innerhalb von 85 Minuten flog sie mit Ohrensausen wegen der Luftdruckschwankungen insgesamt 33,5 Kilometer und landete wohlbehalten in Genshagen südlich von Berlin. Zehn Minuten später kam ein Schäfer vorbei und wünschte ihr einen guten Abend.

Aufregender verlief die zweite Ballonfahrt von Wilhelmine Reichard am 2. Mai 1811 in Berlin vor der Augen der preußischen Königsfamilie. Während der zweiten Ballonfahrt geriet Wilhelmine in einen Gewittersturm. Der Regen durchdrang ihre Kleidung bis auf die Haut. Beim Aufsetzen prallte Wilhelmine mit dem Gesicht schmerzhaft gegen den vom Balllonnetz getragenen Ring, an dem der Korb hing. Ungeachtet dieser Verletzung dachte sie nicht daran, mit dem Ballonfahren aufzuhören.

Im Sommer 1811 zog die Familie Reichard nach Dresden. Obwohl sie wieder schwanger war, bereitete sich Wilhelmine mit Erlaubnis des sächsischen Königs Friedrich I, „der Gerechte" (1759–1827), auf eine weitere Ballonfahrt vor. Neugierige konnten ab 6. September 1811 im Hof des Hotels „de Pologne" gegen Eintrittsgeld den Ballon besichtigen und ihn sich erklären lassen. Wegen schlechten Wetters musste der ursprünglich für den 22. September 1811 geplante Start um eine Woche verschoben werden. Am 29. September 1811

wurde die für die Herstellung des Wasserstoffs benötigte
Schwefelsäure verspätet geliefert. Das herbei geschaffte Eisen
hatte so schlechte Qualität, dass sich die Ballonhülle erst in
der Abenddämmerung aufblähte. Am Morgen des 30.
September 1811 fiel Regen und ein Sturm zerfetzte Teile des
über den Ballon gespannten Hanfnetzes, das den Korb tragen
sollte. Ungeachtet des schlechten Wetters harrten Tausende
von Schaulustigen auf Feldern aus, weil sie den Start der ersten
deutschen Luftschifferin miterleben wollten. Um die
Zuschauer nicht durch eine weitere Verschiebung des Starts
zu verärgern, wagte Wilhelmine nachmittags um halb vier Uhr
trotz ungünstiger Bedingungen ihre dritte Ballonfahrt.
Vergeblich bat ihr Ehemann Gottfried, sie solle dieses
Vorhaben verschieben und auf günstigeres Wetter warten.
Nachdem die Leinen gelöst worden waren, rissen starke
Windböen den Ballon mal nach oben, mal nach unten und
mal zur Seite. Außerdem pendelte der Korb, in dem sich
Wilhelmine befand, beängstigend hin und her. Um vom Sturm
nicht in Baumkronen getrieben zu werden, warf Wilhelmine
Ballast, darunter auch den Anker mit Tau, ab. Nach rund zwölf
Minuten verschwand der Ballon in den Regenwolken und stieg
immer höher in den Himmel.

Als sie 6.931 Meter Höhe erreichte, prüfte Wilhelmine noch
einmal den Barometerstand und die Temperatur. Außerdem
wollte sie ein Ventil öffnen, um Gas entweichen zu lassen und
nicht mehr weiter aufzusteigen. Doch das Ventil klemmte. Ihr
Ehemann erzählte später, sie habe eine Rekordhöhe von 7.800
Metern erreicht. Wegen Sauerstoffmangels verlor Wilhelmine
ihr Bewusstsein. Die Hülle des Ballon zerriss. Wilhelmine
stürzte ab, kam im Fallen noch einmal zu sich, sah die zerfetzte
Ballonhülle und begriff, was geschah. Zu ihrem Glück

bremsten junge Fichten an einem Hang des Wachbergs bei Saupsdorf in der Sächsischen Schweiz nahe der Grenze zu Böhmen den Aufschlag des Ballons. Wilhelmine lag mit weit geöffneten Augen, blauen Lippen, blutenden Platzwunden auf dem Rücken im zerbrochenen Ballonkorb und gab zunächst kein Lebenszeichen von sich. Zur Unglücksstelle eilten ein Bauer, der mit einigen Knechten und Mägden auf dem Wachberg mit Feldarbeit beschäftigt gewesen war. Im Geäst junger Fichten erblickten die herbeigeeilten Männer und Frauen die Reste eines Ballons, in dessen Korb eine junge Frau bewegungslos lag. Die Herabgestürzte war aber nicht tot, wie man zunächst befürchtet hatte. Nach einigen Minutem fragte Wilhelmine Reichard geistesabwesend wiederholt, wo sie und ihr Ballon seien. Zwei Männer trugen sie zur Wohnung des Erb- und Lehnsrichters Christlieb Thiermann. Plötzlich erbrach sich Wilhelmine heftig. Am nächsten Tag kamen einige hundert Menschen aus der Umgebung herbei, um die abgestürzte Ballonfahrerin zu sehen. Am übernächsten Tag hatte sich Wilhelmine bereits so gut erholt, dass ihr Ehemann sie nach Dresden bringen konnte.

Über ihre ersten drei Ballonfahrten veröffentlichte Wilhelmine Reichard detaillierte Berichte in den „Berliner Nachrichten" und in zwei Broschüren ihres Ehemannes. Mit dem Erlös wurde zumindest ein Teil des finanziellen Schadens, der durch den Absturz in der Sächsischen Schweiz entstanden war, ausgeglichen. Gottfried Reichard warb auch bei seinen Vorträgen über chemisch-physikalische Erscheinungen im Hotel „de Pologne" in Dresden für seine Broschüren.

Wie durch ein Wunder hatte die schwangere Wilhelmine Reichard bei ihrem Absturz Ende September 1811 mit dem Ballon aus großer Höhe keine ernsthaften Verletzungen

Wohnhaus von Wilhelmine Reichard an der Weißeritz
in Freital-Döhlen. Es wurde 1897 durch eine Flut
erstmals beschädigt. Die Abschrägung rechts ist eine Folge davon.
Um 1950 begann der Verfall, der ab 1960 durch Reparaturen
aufgehalten wurde.
Ab Mitte 1990 erschien ein Erhalten des Gebäudes unmöglich.
Doch der engagierte Stadtrat Günter Siebert verhinderte den Abbruch
und gewann einen Ballonfahrer dafür, das Haus unter Zuhilfenahme
öffentlicher Mittel wieder zu restaurieren. Südlich des Hauses
befand sich früher die Vitriol- und Schwefelsäurefabrik
von Gottfried Reichard, des Ehemanns von Wilhelmine Reichard.
Foto: Inkowik / CC-BY-SA3.0 (via Wikimedia Commons),
lizensiert unter CreativeCommons-Lizenz by-sa-3.0,
http://creativecommons.org/licenses/by-sa/3.0/legalcode

erlitten. Am 10. März 1812 brachte sie ihre gesunde Tochter Minna Angelika zur Welt.

1812 hielt Gottfried Reichard Vorlesungen über „allgemeine Experimentalchemie" und erhielt eine Anstellung in den „Klette'schen Vitriolwerken" in Potschappel bei Dresden. Während des „Napoleonischen Krieges" brannte 1813 das Vitriolwerk in Potschappel nieder und die inzwischen fünfköpfige Familie Reichard lebte in großer Not. Ihre Lage besserte sich, als Gottfried Reichard dank seiner Französischkenntnisse eine Stelle in Dresden als „commissar bei den casernen und dem lazarethe" fand, die es ihm sogar ermöglichte, etwas Geld zu sparen.

Einige Monate nach der Niederlage von Napoleon in der „Völkerschlacht bei Leipzig" vom 16. bis 19. Oktober 1813 kaufte Gottfried Reichard in Döhlen (heute ein Stadtteil von Freital südwestlich von Dresden) im Plauenschen Grunde ein abgelegenes, baufälliges Haus mit Garten. Dort ließ sich 1814 die Familie Reichard nieder. Damals plante Gottfried die Gründung einer eigenen chemischen Fabrik und beantragte hierfür am 8. Juni jenes Jahres bei der „Königlich Sächsischen Hohen Landes-Regierung" die Konzession. Am 10. Mai 1815 erhielten die Reichards die gewünschte Konzession zur Errichtung einer Fabrik zur Herstellung von „technisch- und pharmaceytisch-chemischen Produkten" und kauften einige Grundstücke vom Kammergute Döhlen.

Weil das Geld der Familie Reichard für den Fabrikbau in Döhlen nicht reichte, wollten Gottfried und Wilhelmine wieder kommerzielle Ballonfahrten durchführen. Hierfür ließ Gottfried einen neuen Ballon anfertigen. Sowohl Material als auch Konstruktion entsprachen dem Ballon, der beim erwähnten Absturz von 30. September 1811 in der

Sächsischen Schweiz zerstört worden war. Aus Kostengründen erhielt der neue Ballon aber nicht wieder einen Durchmesser von 8,70, sondern nur von 7 Metern. Der neue Ballon wurde am 12. Juli 1816 mit einer Fahrt von Berlin nach Fürstenwalde eingeweiht.

Am 22. Juli 1816 machte Wilhelmine Reichard mit diesem Ballon eine rund 210 Minuten dauernde und schätzungsweise 55 Kilometer lange Zielfahrt von Berlin nach Fürstenwalde. Dies war die längste Ballonfahrt, die Wilhelmine jemals unternahm. Während dieser Fahrt kümmerte sich eine Schwester von Wilhelmine um deren Kinder. Nämlich die achtjährige Lina, den sechsjährigen August, die vierjährige Minna Angelika und die am 4. Februar 1816 in Potschappel geborene Wilhelmine Henriette Hedwig mit dem Rufnamen Hedwig

Am 5. August 1816 starb die Tochter Hedwig im Alter von lediglich 26 Wochen. Nur acht Tage später bat Wilhelmine Reichard den Senat der Hansestadt Hamburg um die Genehmigung für eine Ballonfahrt. Schätzungsweise 50.000 Schaulustige verfolgten am 29. August 1816 bei schlechtem Wetter in Hamburg den Aufstieg von Wilhelmine. Dabei bestand die Gefahr, bei Sturm, Regen und dichten Wolken auf die Ostsee hinauszutreiben, wo man sie vermutlich kaum noch rechtzeitig retten hätte können. Um ihre aufkommende Übelkeit zu bekämpfen, griff Wilhelmine zu einer Flasche mit Madeira-Wein und trank einige Schlückchen. Nach einer rund 225 Kilometer weiten Ballonfahrt landete sie bei Malchin in der Mecklenburgischen Schweiz in einem Laubwald inmitten splitternder Äste. Das war ein weiterer persönlicher Rekord. Denn nie zuvor war sie so weit geflogen. Am Tag darauf las man in der „Staats- und Gelehrte Zeitung des Hamburgischen unpartheyischen Correspondenten": „Man weiß nicht, wie in

ein so zartes, junges Frauenzimmer diese Kühnheit eingekehrt ist."
Ein sehr kurzer Ballonaufstieg, der nicht als eine der insgesamt 17 Ballonfahrten von Wilhelmine Reichard gewertet wird, erfolgte am 16. September 1816 in Hamburg. Unter den begeisterten Zuschauern war der 73-jährige Generalfeldmarschall Gebhard Leberecht von Blücher, Fürst von Wahlstatt (1742–1819), der zusammen mit dem britischen Feldmarschall Wellington (1789–1852) am 18. Juni 1815 bei Waterloo den aus seiner Verbannung auf Elba zurückgekehrten Napoleon endgültig besiegt hatte. Wilhelmine stieg mit dem Fesselballon nur kurze Zeit bis in eine Höhe von etwa 30 Metern auf und warf dabei Blumem ab. Dann wurde der Ballon wieder auf die Erde gebracht und Wilhelmine überreichte Blücher vom Korb aus einen Ehrenkranz. Danach räumt sie den Platz in der Ballongondel für ihren Ehemann Gottfried.
Jede Ballonfahrt von Wilhelmine wurde gemeinsam mit ihrem Ehemann sorgfältig vorbereitet. Zum publikumswirksamen Rahmenprogramm gehörten der Abwurf von Fähnchen und selbstgefertigten Gedichten, Zurschaustellung des Ballons und Zeitungsberichte aus eigener Feder.
Aus finanziellen Gründen kam Gottfried Reichard auf die Idee, künftig zahlende Gäste an Ballonflügen teilnehmen zu lassen. Hierfür erdachte er einen Ballon, der zwei Personen in die Luft befördern konnte. Er ließ den Ballon am so genannten „Äquator" zerschneiden und einen 3,74 Meter hohen Zylinder einsetzen. Die neue Konstruktion testete er zusammen mit Hermann Fürst von Pückler-Muskau (1785–1871) als Fahrgast. Seine Ehefrau Wilhelmine und der Graf Roß aus Holland stiegen am 27. Oktober 1816 in Berlin vor den Augen des preußischen Königs Friedrich Wilhelm III.

Hermann Fürst von Pückler-Muskau (1785–1871)
im Alter von 52 Jahren.
Reproduktion eines Stahlstiches
von Auguste Hüssener (1789–1877)
aus dem Jahre 1837

mit diesem Ballon auf. Dabei warfen sie Papierblätter mit Gedichten aus dem Korb und ließen zwei Friedenstauben fliegen. In den Folgemonaten meldeten sich offenbar nicht genügend mutige und zahlungskräftige Passiere für Ballonfahrten. Im Mai 1817 ließ Gottfried Reichard den in die Ballonhülle eingesetzten Zylinder wieder heraus nehmen.

Im Jahre 1817 unternahm Wilhelmine Reichard wegen einer weiteren Schwangerschaft keine Ballonfahrten, ihr Ehemann dagegen fünf. Am 15. Oktober 1817 brachte die 29-Jährige Wilhelmine in Döhlen ihr fünftes Kind zur Welt. Es war ihr zweiter Sohn namens Gottfried.

Mit einem Ballonaufstieg in Dresden startete Gottfried Reichard in die Saison 1818. Danach unternahm seine Ehefrau Wilhelmine 1818 drei und 1819 vier Ballonfahrten. Ihre Auftritte erfolgten in Braunschweig, Aachen und Brüssel sowie in Hamburg, Lübeck, Doberan und Bremen. Bei der Ballonfahrt am 9. August 1818 flog sie von Braunschweig aus über Wolfenbüttel in Richtung Asse und Harz, wurde in Richtung Königslutter abgetrieben und landete bei Lehrte. Der Aufstieg von Wilhelmine am 11. Oktober 1818 in Aachen geschah aus Anlass des „Monarchenkongresses", bei dem sich der preußische König Friedrich Wilhelm III. (1770–1840), der russische Zar Alexander I. (1777–1825) und der österreichische Kaiser Franz I. (1768–1835) über die „Festigung der Restauration in Frankreich" berieten.

Am 6. Juli 1819 starb die berühmte französische Ballonfahrerin Sophie Blanchard (1778–1819), die zeitweise auch in Deutschland aufgetreten war. Bei ihrer 67. Ballonfahrt setzte ein von ihr abgeworfener Feuerwerkskörper den Ballon in Brand. Sophie stürzte aus rund 300 Metern Höhe ab und wurde auf einem Hausdach zerschmettert.

Kein Geringerer als der österreichische Kaiser Franz I. (1768–
1835) sah Wilhelmine Reichard bei ihrer 14. Ballonfahrt am
30. Mai 1820 in Prag zu. Als Wilhelmine nach einer Stunde
zur Landung ansetzte, versuchten Hirten ihr Vieh in Sicherheit
zu bringen. Wilhelmine soll die Hirten durch den Abwurf von
Heiligenbildchen beruhigt haben. Der Herrscher lud die
Ballonfahrerin zu zwei weiteren Fahrten in Wien ein, die noch
im selben Jahr am 16. Juli und 10. August stattfanden und
großzügig belohnt wurden. Letztere Ballonfahrt wurde von
zwei Punkten der Erde aus astronomisch beobachtet – und
zwar von der k. k. Universitäts-Sternwarte und vom Leo-
poldsberg aus. Die Flugbahn des Ballons wurde im Drei-
Minuten-Takt tabellarisch und graphisch aufgezeichnet.
Auf Einladung des bayerischen Königs Maximilian I. Joseph
(1756–1825) kam Wilhelmine Reichard zur Zehnjahresfeier
des Münchener Oktoberfestes. Letzeres war aus einem Pferde-
rennen am 12. Okober 1810 anlässlich der Hochzeit des bayerischen Kronprinzen Ludwig (1786–1868) mit Prinzessin
Therese von Sachsen-Hildburghausen (1792–1854) hervorge-
gangen. Vor ihrem 17. Ballonaufstieg am 1. Oktober 1820 auf
der inzwischen nach der Kronprinzessin benannten Theresien-
wiese erhielt Wilhelmine Reichard im Dirndl eine Fahne mit
dem Stadtwappen von München. Darauf befand sich folgende
Widmung: „Die Bürger von München an die geprüfte und
mutvolle Luftschifferin Wilhelmine Reichard, bei der Luftfahrt
am Oktober-Feste 1820, auf der Theresien-Wiese."
Mit dem Aufstieg auf dem Oktoberfest beendete Wilhelmine
Reichard ihre Karriere als Ballonfahrerin. Zeitgenossen lobten
ihre absolute Zuverlässigkeit, ihr Selbstbewusstsein, ihren Mut,
ihren Sachverstand und ihr handwerklich-technisches Können.
Als sie einmal nach ihren Träumen gefragt wurde, gab sie die

Antwort: „... gleich einem Sonnenstäubchen im Weltall schwebend, seiner Winzigkeit sich so augenscheinlich bewusst werdend – ein Augenblick, der, wie oft er sich mir auch noch erneuern möge, nie mich kalt lassen wird."
Am Ende der Saison 1820 hatte die Familie Reichard endlich genügend Geld, um mit der bereits vor fünf Jahren genehmigten Fabrikgründung zu beginnen. Gottfried kaufte weitere Wiesen und Felder in Döhlen und 1821 gründete er dort seine Fabrik für technisch- und pharmazeutisch-chemische Produkte. Er produzierte in Bleikammern und Platinkesseln vor allem Schwefelsäure, Salpetersäure, Salzsäure, Vitriolöl und Soda. Seine Produkte wurden hauptsächlich von Druckereien und Färbereien benötigt. Die Fabrik war ein Spitzenunternehmen der damaligen Zeit, die erste und für Jahrzehnte die einzige ihrer Art in Sachsen.
1821 brachte Wilhelmine Reichard in Döhlen die Tochter Betty und 1822 die Tochter Hermine zur Welt. Sie führte nun ein ruhiges Familienleben in dem entlegenen Dorf Döhlen, das erst in den 1840-er Jahren auf 60 Wohngebäude und knapp tausend Einwohner anwuchs. Ob sie die Reisen, die Aufmerksamkeit von Herrschern und den Jubel Zehntausender vermisste, weiß man nicht.
Am 24. Januar 1834 brachte die 45-jährige Wilhelmine Reichard in Dresden ihr achtes und letztes Kind zur Welt: die Tochter Luise. In jenem Jahr baute Gottfried Reichard einen großen Ballon mit 9 Metern Durchmesser, dessen Gondel drei Personen aufnehmen konnte. Zusammen mit seiner Tochter Minna Angelika stieg er am 7. September 1834 vom Dresdner Zwinger auf. Es war niemand anders bereit gewesen, mit aufzusteigen und dafür zu bezahlen. Eien weitere Ballonfahrt erfolgte 1834 in Leipzig.

Heißluftballon D-OBDD „Wilhelmine Reichard"
bei der Fahrt über Dresden.
Foto: Martin Röll (Martinroell) (via Wikimedia Commons),
Lizenz: gemeinfrei (Public domain)

Für seine Verdienste um die Luftschifffahrt wurde Gottfried Reichard der Professorentitel verliehen. Seine Gattin Wilhelmine sprach man fortan als „Frau Professor" an. Beide haben auch Ballonfahrten für wissenschaftliche Zwecke unternommen. Einmal wurde Wilhelmine von einem Professor begleitet, der während der Fahrt Beobachtungen machte und aufzeichnete.

Auf Einladung des Stadtrats von München unternahm Gottfried Reichard am 9. Oktober 1835 beim 25. Oktoberfest in München ohne Begleitung seine 16. und letzte Ballonfahrt. Wilhelmine überreichte dem bayerischen Königspaar Ludwig I. und Therese, das damals silberne Hochzeit feierte, sowie Prinzen und Prinzessinnen mit Fähnchen geschmückte Luftballons. Aus jener Zeit stammt ein repräsentatives Doppelbildnis des Ehepaares Reichard.

Einen Tag nach seinem 58. Geburtstag erlag Gottfried Reichard nach zweiwöchiger Bettruhe in seinem Haus in Döhlen am 27. März 1844 einer Lungenembolie. Seine Witwe war trost- und ratlos und hatte finanzielle Sorgen. Sechs Wochen später schrieb Wilhelmine an ihre Tochter Minna in Leipzig einen Brief. Darin hieß es: „Dein Schmerz ist gewiss groß gewesen, aber wer kann meinen ermessen, die ich 38 Jahre Not, Kummer, Sorgen (nicht allein Nahrungssorgen), Freude und Glück mit ihm genossen, kein Geschäft, keine Erfahrung, die er nicht erst mit mir besprochen hätte, wir haben zusammen gezeichnet, gemauert, gebaut, und nun alles umsonst!"

Am Morgen des 23. Februar 1848 gegen 7.30 Uhr erlag Wilhelmine Reichard im Alter von 59 Jahren einem Schlaganfall. Sie hatte sich in Dresden aufgehalten, wo sie eine erkrankte Enkelin betreut hatte. Im Online-Lexikon „Wikipedia" heißt es, sie sei an Überarbeitung gestorben. Wie ihren

Ehemann hat man auch Wilhelmine auf dem Friedhof in Döhlen begraben.

Die Fabrik in Döhlen wurde nach dem Tod ihres Vaters von dessen Söhnen Dr. phil. August Reichard und Gottfried Reichard geleitet. 1874 erfolgte die Übernahme durch den Sohn Otto von August. Otto stürzte 1891 in einen mit Schwefelsäue gefüllten Bleikessel und fand dabei den Tod. Einige Jahre später stellte die „Chemische Fabrik in Döhlen" den Betrieb ein. Die Fabrikgebäude riss man ab.

Wilhelmine Reichard sind zahlreiche Ehrungen zuteil geworden. Möglicherweise diente sie dem deutschen Schriftsteller Karl May (1842–1912) als Vorbild für seine Figur Wanda. Im IV. Kapitel der gleichnamigen Erzählung in „Der Beobachter an der Elbe" von 1875 verwertete May die turbulenten Ereignisse bei der Ballonfahrt von Wilhelmine vom 30. September 1811. 1978 erinnerte eine Jugendbriefmarke der „Deutschen Bundespost" an Reichards Ballonfahrt 1820 auf dem Münchener Oktoberfest. Im 150. Todesjahr von Wilhelmine Reichard erschienen 1998 zwei Bücher über ihr interessantes Leben und Werk. Heide Monjau veröffentlichte die dokumentarische Biografie „Wilhelmine Reichard – erste Ballonfahrerin 1788 bis 1848". Außerdem erschien ein Nachdruck des Werkes „Beschreibung der von Wilhelmine Reichard, geb. Schmidt, unternommenen dritten Luftreise" ihres Ehemannes Gottfried Reichard aus dem Jahre 1811. Das Haus in Freital-Döhlen, in dem Wilhelmine Reichard gelebt hat, wurde 1998 von dem Dresdner Ballonfahrer Mathias Schütze rekonstruiert. An die erste Ballonfahrerin Deutschlands erinnert seit März 2001 in Dresden der Wilhelmine-Reichard-Ring, der zuvor Flughafenstraße geheißen hatte. In Freital-Döhlen, München-Lerchenau und im Industriepark Kassel ist jeweils eine Straße nach ihr benannt. Einen Wilhelmine-Reichard-Weg gibt es in Berlin-Spandau und in Frankfurt-Bockenheim. Am Wachberg bei Saupsdorf enthüllte man am 30. September 2011 anlässlich des 200. Jahrestages der Notlandung von Wilhelmine Reichard eine Gedenktafel. Die Schule zur Lernförderung in Freital-Döhlen erhielt im September 2014 den Namen „Wilhelmine-Reichard-Schule".

Altersbild von Wilhelmine Reichard um 1848
nach einer Daguerrotypie

Die 17 Ballonfahrten von Wilhelmine Reichard

1. Ballonfahrt als erste deutsche Frau am 16. April 1811 in Berlin
2. Ballonfarht am 2. Mai 1811 in Berlin
3. Ballonfahrt am 30. September 1811 in Dresden mit Absturz in der Sächsischen Schweiz
4. Ballonfahrt über eine Rekordstrecke von 225 Kilometern am 22. Juli 1816 in Berlin
5. Ballonfahrt am 29. August 1816 in Hamburg, wo sie am 16. September 1816 nur kurz aufsteigt und danach ihrem Ehemann den Platz in der Gondel überlässt
6. Ballonfahrt in Begleitung des holländischen Grafen Roß am 27. Oktober 1816 in Berlin
7. Ballonfahrt am 9. August 1818 in ihrer Geburtsstadt Braunschweig.
8. Ballonfahrt am 11. Oktober 1818 anlässlich des „Monarchenkongresses" in Aachen
9. Ballonfahrt am 22. November 1818 in der belgischen Hauptstadt Brüssel
10. Ballonfahrt am 3. Juni 1819 in Hamburg
11. Ballonfahrt am 1. Juli 1819 in Lübeck
12. Ballonfahrt am 8. August 1819 in Doberan (Mecklenburg)
13. Ballonfahrt am 17. September 1819 in Bremen
14. Ballonfahrt am 30. Mai 1819 in Prag, wo sie der österreichische Kaiser zu zwei weiteren Aufstiegen in Wien einlädt
15. Ballonfahrt am 16. Juli 1820 in Wien
16. Ballonfahrt am 10. August 1820 in Wien
17. und letzte Ballonfahrt am 1. Oktober 1820 in München

Beſchreibung

der von

Wilhelmine Reichard,
geb. Schmidt,

unternommenen

dritten Luftreiſe.

———

Von

G. Reichard.

Dresden, 1811.
Gedruckt bei Carl Gottlob Gärtner.

Titelblatt der Beschreibung der dramatischen dritten Luftreise
von Wilhelmine Reichard am 30. September 1811

Literatur

ARMENAT, Gabriele (Herausgeberin): Frauen aus Braun-schweig, 3. Auflage, Braunschweig 1991

BECK, Barbara: Die berühmtesten Frauen der Weltgeschichte. Vom 18. Jahrhundert bis heute, Wiesbaden 2008

BURKHART, Wolfgang / Skybird pro Luftfahrt e.V: Pio-nierfrau der deutschen Luftfahrt. Wilhelmine Reichard 1788–1848. Skybird Spezial Wilhelmine Reichard http://www.skybird-ev.de/wilhelmine/w------d.html

GEHRKEN, Eva: Sachsens berühmte Frauen, Taucha 1999

MONJAU, Heide: Wilhelmine Reichard – erste Ballonfahrerin 1788 bis 1848. Eine dokumentarische Biografie, Freital 1998

PROBST, Ernst: Königinnen der Lüfte, München 2010

PROBST, Ernst: Königinnen der Lüfte in Deutschland, München 2010

PROBST, Ernst: Königinnen der Lüfte in Europa, München 2010

REICHARD, Gottfried: Beschreibung der von Wilhelmine Reichard, geb. Schmidt, unternommenen dritten Luftreise, Dresden 1811

REIFENSTEIN, Elisabeth: Johanne Wilhelmine Siegmundine Reichard. In: JARCK, Horst-Rüdiger / SCHEEL, Günter (Herausgeber): Braunschweigisches Biographisches Lexikon – 19. und 20 Jahrhundert. Hannover 1996

STADTWIKI DRESDEN: Wilhelmine Reichard http://dresden.stadtwiki.de/wiki/Wilhelmine_Reichard

WUNDERLICH, Dieter: WageMutigeFrauen. 16 Porträts, Regensburg 2004

WIKIPEDIA (Online-Lexikon) Wilhelmine Reichard http://de.wikipedia.org/wiki/Wilhelmine_Reichard

Sophie Blanchard (1778–1819)
Reproduktion eines Kupferstiches von Jules Porreau
aus dem Jahre 1859, der nach ihrem Tod entstand

Frauen in der Luftfahrt

4. Juni 1784: Die französische Opernsängerin Elisabeth Thible, nach anderer Schreibweise auch Tible, fliegt in Lyon als erste Frau in einem Heißluftballon (Montgolfière) mit.

10. November 1798: Die Französin Jeanne Labrosse (1775–1845), die Ehefrau des Luftakrobaten André-Jacques Garnerin (1769–1823), unternimmt als erste Frau selbstständig einen Flug in einem Ballon.

12. Oktober 1799: Jeanne Labrosse wagt als erste Frau der Welt aus einer Höhe von rund 900 Metern einen Fallschirmsprung.

7. Juli 1819: Die erste professionelle Luftschifferin Frankreichs, Madeleine Sophie Blanchard (1778–1819), kommt in Paris bei einer Ballonfahrt als erste Frau beim Fliegen ums Leben.

Um 1850: Die französische Fallschirmspringerin Rosalie Poitevin (1819–1908) stellt in Parma (Italien) mit einem Sprung aus rund 2.000 Metern einen Frauenrekord auf, der erst 1931 von der Deutschen Lola Schröter (1906–1953) überboten wird.

4. Juli 1880: Mary Hawley Myers (1849–1932) unternimmt in Little Falls (New York) als erste Amerikanerin einen Alleinflug mit einem Ballon.

19. Juli 1893: Käthe Paulus (1868–1935) unternimmt in Nürnberg (Bayern) zusammen mit ihrem Verlobten Hermann Lattemann (1852–1894) ihren ersten Ballonflug. Sie gilt als erste Luftschifferin in Deutschland.

1893: Die Luftschifferin Käthe Paulus wird in Elberfeld bei Wuppertal die erste deutsche Fallschirmspringerin.

9. Juli 1903: Die Amerikanerin Aida de Acosta (1884–1962) unternimmt in Paris als erste Frau einen Alleinflug in einem lenkbaren Luftschiff.

1906: Die Amerikanerin E. Lillian Todd (1865–1937) entwirft und baut als erste Frau ein Flugzeug, das allerdings nie fliegt.

8. Juli 1908: Die französische Bildhauerin Thérèse Peltier (1873–1926) unternimmt in Turin (Italien) an Bord eines Doppeldeckers zusammen mit dem französischen Piloten Léon Delagrange (1873–1910) den ersten Flug mit einem weiblichen Passagier.

7. Oktober 1908: Edith Berg fliegt als erste Amerikanerin in Le Mans (Frankreich) in einem Flugzeug mit. Sie ist eine Passagierin des amerikanischen Luftpioniers Wilbur Wright (1867–1912) und die Ehefrau von Hart O. Berg, des europäischen Agenten von Wright.

26. Oktober 1909: Die Französin Marie Marvingt (1875–1963) fliegt als erste Frau mit einem Ballon von Frankreich nach England.

8. März 1910: Die französische Schauspielerin Raymonde de Laroche (1844–1919) wird die erste Pilotin der Welt.

9. April 1910: Hélène Dutrieu (1877–1961) wird die erste Pilotin in Belgien.

19. April 1910: Hélène Dutrieu fliegt als erste Frau der Welt einen Passagier.

Sommer 1910: Hilda Hewlett (1864–1943) wird Mitbegründerin der ersten Flugschule in England.

2. September 1910 (oder 6. September oder Mitte Oktober): Blanche Stuart Scott (1889–1970) wird angeblich die erste amerikanische Pilotin. Ihr Flug wird von der „Aeronautical Society of America" nicht anerkannt, weil er zufällig erfolgt.

16. September 1910: Bessica Medlar Raiche (1875–1932) wird angeblich die erste amerikanische Pilotin.

8. November 1910: Marie Marvingt wird die dritte Frau mit Pilotenlizenz in Frankreich.

1. August 1911: Harriet Quimby (1875–1912) wird die erste Amerikanerin mit Pilotenlizenz.

10. August 1911 (4. September 1911) : Lidija Swerewa (1890–1916) wird die erste Pilotin in Russland.

17. August 1911: Matilde Moissant (1878–1964) wird die zweite Amerikanerin mit Pilotenlizenz.

29. August 1911: Hilda Hewlett wird erste Britin mit Pilotenlizenz.

4. September 1911: Harriet Quimby unternimmt als erste Frau einen Nachtflug.

13. September 1911: Melli Beese-Boutard (1886–1925) legt als erste Deutsche die Pilotenprüfung ab.

10. Oktober 1911: Beatrix de Rijk (1883–1958) wird eine der ersten Pilotinnen in Holland.

Dezember 1911: Die Amerikanerinnen Harriet Quimby und Matilde Moisant (1878–1964) unternehmen als erste Pilotinnen einen Flug über Mexiko.

16. April 1912: Harriet Quimby überfliegt als erster weiblicher Pilot den Ärmelkanal (Englischer Kanal).

Juli 1912: Lilly Steinschneider (1891–1975) wird die erste Pilotin in Österreich-Ungarn.

2. September 1912: Die Französin Jeanne Pallier (1871–1939) fliegt bei ihrer Pilotenprüfung als erste Frau über Paris.

1912: Die Pilotin Ruth Law (1887–1970) fliegt als zweite Amerikanerin bei Nacht.

21. November 1912: Die russische Pilotin Ljuba Galanschikoff (1884–1968) stellt einen Höhenweltrekord für Frauen auf. Sie

erreicht mit einem geliehenen Fokker-Eindecker eine Höhe von 2.000 Metern.

5. Januar 1913: Rosina Ferrario (1888–1959) erhält als erste Pilotin in Italien vor dem Ersten Weltkrieg eine Fluglizenz.

31. Juli 1913: Die amerikanische Pilotin Alys McKey („Tiny") Bryant (1880–1954) unternimmt in Vancouver den ersten Flug einer Frau in Kanada. Ihre Flüge in Kanada waren Teil des Unterhaltungsprogramms für den Prinzen von Wales und den Herzog von York, die Vancouver und Victoria besuchen.

20. August 1913: Ljuba Galanschikoff unternimmt zusammen mit dem Piloten Léon Letort (1888–1913) den ersten Flug innerhalb eines Tages von Berlin nach Paris.

September 1913: Katherine Stinson (1891–1977) betätigt sich in Montana als erste Luftpostpilotin der USA.

1913: Hélène Dutrieu wird erstes weibliches Mitglied der „Pariser Luftwache" und schützt die französische Hauptstadt im Ersten Weltkrieg (1914–1918) vor Angriffen deutscher Flugzeuge und Militärluftschiffe.

19. Mai 1914: Die russische Pilotin Lydija Swerewa (1890–1916) fliegt in Riga (Litauen) als erste Frau einen Looping (Kunstflugfigur in senkrechter Kreisbahn).

6. Juni 1914: Else Haugk (1889–1973) wird die erste Pilotin der Schweiz.

1914: Prinzessin Eugenie Michailowna Shakhovskaya (1889–1920) wird die erste russische Militärpilotin. Sie unternimmt als Fähnrich im Dienste des Zaren etliche Aufklärungsflüge.

1915: Die Schwestern Marjorie Stinson (1896–1975 und Katherine Stinson (1891–1977) betreiben mit ihrer Mutter Emma Beaver Stinson in Texas die erste von Frauen geleitete Flugschule.

17. Januar 1915: Ruth Law (1887–1970 wagt in Daytona Beach (Florida) als erste amerikanische Pilotin einen Looping. Ihrer Landsmännin Katherine Stinson glückt dieses Kunst-stück am 18. Juli 1915 über dem Flugplatz „Cicero Field" in Chicago.

1915: Nahdeshda Degtera, deren Geburts- und Todesdatum unbekannt sind, ist die erste russische Pilotin, die bei einem Kampfeinsatz im Ersten Weltkrieg verwundet wird.

1916: Die Deutsche Käthe Paulus erfindet den zusammen-legbaren Fallschirm.

12. Juli 1919: Raymonde de Laroche stellt einen Höhenrekord für Frauen auf (4.800 Meter).

1919: Ruth Law befördert als erster Flieger Luftpost zu den Philippinen.

30. Mai 1920: Elsa Andersson (1897–1922) wird die erste schwedische Pilotin.

15. August 1920: Die amerikanische Pilotin Laura Bromwell (1899–1920) fliegt 87 Loopings und schafft damit einen Weltrekord.

1. April 1921: Die französische Pilotin Adrienne Bolland (1896–1975) fliegt als erste Frau über die Anden.

Mai 1921: Laura Bromwell fliegt 199 Loopings und stellt damit einen neuen Weltrekord auf.

15. Juni 1921: Die schwarze Amerikanerin Bessie Coleman (1893–1926) erhält in Frankreich ihre Fluglizenz und wird die erste afro-amerikanische Pilotin.

2. Oktober 1921: Elsa Andersson ist nach einem Absprung in Kristianstad die erste schwedische Fallschirmspringerin.

8. April 1922: Teresa de Marzo (1903–1986) wird die erste Pilotin in Brasilien.

1922: Tadashi Hyodo (1899–1980) wird die erste Pilotin in Japan.

3. September 1922: Bessie Coleman unternimmt den ersten öffentlichen Flug einer afro-amerikanischen Pilotin in den USA. Dabei springt der farbige Stuntman Hubert Fauntleroy Julian mit einem Fallschirm ab.

Oktober 1922: Lillian Gatlin aus Santa Ana (Kalifornien) wird die erste Passagierin bei einem Flug über Amerika. Sie reist von San Francisco (Kalifornien) nach Mineola (New York).

Der 2.680 Meilen-Nonstop-Flug dauert 27 Stunden 11 Minuten.

1925: Thea Rasche (1899–1971) wird erste Deutsche mit Kunstflugschein.

1925: Kwon Ki-ok (1901–1988) wird die erste Pilotin aus Korea.

1925: Lady Mary Heath (1896–1939) erhält als erste Frau in Großbritannien eine kommerzielle Fluglizenz.

28. März 1927: Millicent Maude Bryant (1878–1927) wird die erste Pilotin in Australien.

Mai 1927: Lady Mary Heath stellt mit 17.000 Fuß (umgerechnet 5.100 Meter) einen Höhen-Weltrekord für Leichtflugzeuge auf.

Ende August 1927: Prinzessin Anne Löwenstein-Wertheim (1864–1927) scheitert beim Versuch einer Atlantiküberquerung von England nach Amerika und kommt dabei ums Leben.

September 1927: Elinor Smith wird im Alter von 16 Jahren die damals jüngste Pilotin der USA.

Oktober 1927: Die Amerikanerin Ruth Elder (1902–1977) scheitert beim Versuch einer Atlantiküberquerung von England nach Amerika.

1927: Phoebe Fairgrave Omlie (1902–1975) wird die erste von der „Civil Aeronautics Administration" („CAA") zugelassene Flugzeugmechanikerin der USA.

1927: Lady Mary Heath unternimmt als erste Frau einen Alleinflug von Südafrika nach England.

1927: Die irische Pilotin Mary Bayley (1890–1960) fliegt als erste Frau über die Irische See.

Januar 1928: Ruth Rowland Nichols (1901–1960) unternimmt zusammen mit dem Piloten Harry Rogers den ersten Nonstop-Flug von New York nach Miami (Florida).

17. und 18. Juni 1928: Die amerikanische Fliegerin Amelia Earhart (1897–1937) fliegt zusammen mit dem Piloten Wilmer Stultz (1899–1929) und dem Mechaniker Louis Gordon von New York nach Paris. Sie ist die erste Frau, die an Bord eines Flugzeuges den Atlantik überquert.

27. Juli 1928. Lady Mary Heath fliegt als erste Frau der Welt ein Passagierflugzeug. Der Start erfolgt in Amsterdam (Niederlande), die Landung in Croydon (Großbritannien).

1928: Maryse Bastié (1898–1952) erwirbt als erste Französin den Führerschein für Passagierflugzeuge.

1928: Die deutsche Pilotin Marga von Etzdorf (1907–1933) wird erste Kopilotin der „Deutschen Luft Hansa" (damalige Schreibweise).

1928: Die irische Pilotin Mary Heath fliegt als erste Frau allein vom „Kap der Guten Hoffnung" (Südafrika) nach Kairo (Ägypten).

1928: Die amerikanische Pilotin Phoebe Fairgrave Omlie fliegt als erste Frau mit einem Leichtflugzeug über die Rocky Mountains.

Oktober 1928: Die deutsche Pilotin Erika Naumann stellt zusammen mit dem schweizerischen Fliegerhauptmann Wirth bei einem Flug von Böblingen (Süddeutschland) nach Wilna (Litauen) einen Weltrekord auf. Die Flugstrecke beträgt 1.305 Kilometer.

17. Dezember 1928: Die amerikanische Pilotin Marjorie Stinson wird bei der Gründungsversammlung der „Early Birds" in Chicago das erste weibliche Mitglied. Bedingung für die Aufnahme bei den „Early Birds" ist für Amerikaner, dass sie bereits vor dem Eintritt der USA in den Ersten Weltkrieg am 17. Dezember 1916 erstmals allein geflogen sind. Für Piloten aus Europa gilt der 4. August 1914 als Stichtag für die Aufnahme bei den „Early Birds".

1928/1929: Mary Bailey (1890–1960) fliegt als erste Frau allein von England nach Südafrika und wieder zurück. Hinflug vom 9. März bis 30. April 1928, Rückflug vom September 1928 bis 16. Januar 1929.

2. Januar 1929: Evelyn („Bobby") Trout unternimmt in Los Angeles (Kalifornien) als erste Frau einen Ganze-Nacht-Flug, der 12 Stunden 11 Minuten dauert.

1929: Florence „Pancho" Barnes" (1901–1975) wird die erste amerikanische Stuntpilotin. Sie wirkt in dem Film „Hells Angels" mit, der 1929 in die Kinos kommt.

1929: Phoebe Fairgrave Omlie wird die erste amerikanische Transportpilotin.

1929: Ilse Esser (1898–1994) promoviert als erste Deutsche in Luftfahrttechnik.

August 1929: Die britische Reporterin Grace Marguerite Hay Drummond-Hay (1895–1946) fliegt als erste Frau mit einem Luftschiff um die Welt. Der Flug erfolgt im deutschen Luftschiff „LZ-127 Zeppelin".

18. bis 26. August 1929: Die amerikanische Pilotin Louise Thaden (1905–1979) gewinnt das erste „Cleveland Women's Air Derby", den ersten Überlandflug-Wettbewerb für Pilotinnen, der scherzhaft als „Powder-Puff-Derby" bezeichnet wird. Der Start erfolgt in Santa Monica (Kalifornien), Ziel ist Cleveland (Ohio), gesamte Flugstrecke mehr als 2.700 Meilen (rund 4.500 Kilometer). Zweite wird Gladys O'Donnel, Dritte Amelia Earhart. Beim legendären „Powder-Puff-Derby" gehen insgesamt 20 Pilotinnen an den Start, von denen 18 aus den USA stammen: Florence („Pancho") Barnes, Marvel Crosson, Amelia Earhart, Ruth Elder, Claire Fahy, Edith Foltz, Mary Haizlip, Jessie Keith-Miller (Australien), Opal Kunz, Ruth Nichols, Gladys O'Donnell, Phoebe Omlie, Neva Paris, Margaret Penny, Thea Rasche (Deutschland), Louise Thaden, Bobbi Trout, Mary von Mach und Vera Dawn Walker. Davon erreichen 13 Frauen das Ziel. Den scherzhaften Begriff

„Powder-Puff-Derby" („Puderquastenrennen") hat der Komiker Will Rogers (1879–1935) geprägt. Er beruht auf dem Kosmetik-Utensil, mit dem sich die Pilotinnen nach den Landungen puderten.

2. November 1929: Amelia Earhart gründet zusammen mit vier anderen bekannten Pilotinnen auf dem Flugplatz „Curtiss Field" in Valley Stream, Long Island (New York), den „Club der Neunundneunzig" („Ninety Nines"), der die Stellung der Frauen in der Luftfahrt stärken soll. Einen solchen Club hatte Clara Trenckman Studer, eine flugbegeisterte Assistentin und Helferin ohne Pilotenschein, angeregt. Die Einladung zur Gründungsversammlung war am 9. Oktober 1929 an 117 Pilotinnen in den USA verschickt und von Fay Gillis, Margorie Brown, Frances Harrel und Neva Paris unterzeichnet worden. Zur Gründungsversammlung kommen 26 Pilotinnen nach Valley Stream, nur vier davon mit dem Flugzeug, die anderen wegen schlechten Wetters mit dem Zug. Ein zweites Treffen erfolgt am 14. Dezember 1929 in New York City. Dabei macht Jean Davis Hoyt (gestorben 1988) den Vorschlag, den Club nach der Zahl der Frauen in den USA zu benennen, die einen Pilotenschein besitzen und Interesse an der Gründung des Clubs zeigen. Neva Paris soll die Wahl einer Präsidentin koordinieren, doch sie kommt Anfang 1930 bei einem Flugzeugabsturz ums Leben. Louise Thaden fungiert als „provisorische Präsidentin" des Clubs. Bald gehörten 99 Fliegerinnen zum Club und dessen Name steht fest. 1931 wird Amelia Earhart zur Präsidentin gewählt und bleibt dies bis 1933. „Ninety Nines" behauptet sich bis heute und zählt derzeit weltweit mehr als 20.000 Mitglieder.

November 1929: Die amerikanischen Pilotinnen Evelyn („Bobby") Trout (1906–2003) und Elinor Smith (geboren 1911) unternehmen den ersten Frauenflug mit Luftbetankung.

Dezember 1929: Amy Johnson (1903–1941) wird die erste Flugzeugmechanikerin in Großbritannien.

5. bis 24. Mai 1930: Die britische Pilotin Amy Johnson-Mollisson (1903–1941) fliegt als erste Frau allein von England nach Australien.

1930: Die britische Fliegerin Beryl Markham (1902–1986) wird die erste Berufspilotin Afrikas.

1930: Anne Morrow Lindbergh (1906–2001) wird die erste Segelfliegerin der USA.

6. März 1931: Ruth Rowland Nichols stellt mit 8.760,9 Metern einen Höhen-Weltrekord für Frauen auf.

13. April 1931: Ruth Rowland Nichols stellt mit 339,1 Stundenkilometern einen Geschwindigkeits-Weltrekord für Frauen auf.

1931: Leyla Mammadbeyova (1909–1989) wird die erste Pilotin in Aserbaidschan.

Juni 1931: Ruth Rowland Nichols scheitert beim Atlantiküberflug.

18. bis 29. August 1931: Die deutsche Pilotin Marga von Etzdorf (1907–1933) fliegt allein von Berlin nach Tokio.

1931: Pauline Mary Gower (1910–1947) betreibt den ersten Lufttaxidienst in Großbritannien.

1931: Die deutsche Pilotin Vera von Bissing (1906–2002) beherrscht als einzige Frau den Looping nach vorn.

1931: Die deutsche Fallschirmspringerin Lola Schröter (1906–1953) stellt mit einem Sprung aus 6.000 Metern Höhe einen Frauenrekord auf.

Oktober 1931: Hazel Ying Lee (1912–1944) erhält als eine der ersten chinesisch-amerikanischen Frauen eine Fluglizenz.

4. Dezember 1931: Die deutsche Fliegerin Elly Beinhorn (1907–2007) startet zu einem erfolgreichen Weltflug. Sie ist die erste Frau, die alle fünf Erdteile mit dem Flugzeug überfliegt.

26. Dezember 1931: Die australische Pilotin Maude Rose „Lores" Bonney (1897–1994) unternimmt den längsten Ein-Tages-Flug einer Frau von Brisbane nach Wangaratta (1.600 Kilometer).

20. Mai 1932: Die amerikanische Fliegerin Amelia Earhart fliegt mit einem einmotorigen Flugzeug als erste Frau über den Atlantik. Sie startet in Harbor Grace (Neufundland) und landet unweit von Londonderry (Nordirland).

Mai 1932: Die deutsche Schauspielerin und Pilotin Antonie Strassmann (1901–1952) fliegt an Bord des Flugschiffes „Do-X" von den USA nach Deutschland. Sie ist die erste Europäerin, die als fliegender Passagier den Atlantik überquert.

August/September 1932: Maude Rose „Lores" Bonney fliegt als erste Frau um Australien.

5. September 1932: Die amerikanische Pilotin Mary Haizlip (1910–1997) stellt in Cleveland (Ohio) mit 405,92 Stundenkilometern einen Geschwindigkeitsrekord für Frauen auf.

1932: Die Chinesin Katherine Cheung (1904–2003) wird die erste Asiatin mit Pilotenlizenz in den USA.

1932: Ruthy Tu (gestorben 1969) wird die erste Pilotin in der Chinesischen Armee.

1932: Die deutsche Pilotin Rosl Richter und ihr Ehemann unternehmen mit einem Leichtflugzeug einen Weltflug.

1932: Der Fallschirmspringerin Lola Schröter gelingt ein Rekordsprung aus 7.300 Metern Höhe.

1932: Luise Hoffmann (1910–1935) wird erste Werkspilotin in Deutschland.

1932: Phoebe Fairgrave Omlie wird die erste Regierungsbeamtin für Luftfahrt in den USA.

1932: Fay Gillis Wells (1908–2002) fliegt als erste Amerikanerin ein sowjetisches Zivilflugzeug.

10. bis 21. April 1933: Maude Rose „Lores" Bonney fliegt mit einer Maschine des Typs „Gipsy Moth" namens „My little Ship" als erste Frau von Australien nach England (Start in Brisbane, Landung in London. Flugstrecke rund 20.000 Kilometer).

1933: Freda Thompson (1909–1980) wird die erste Fluglehrerin in Australien.

1934: Die Französin Maryse Bastie (1898–1952) fliegt als erste Frau von Paris nach Tokio und zurück.

28. Januar bis 25. April 1934: Die Amerikanerin Laura Ingalls (1901–1967) unternimmt als erste Frau einen Alleinflug von Nordamerika nach Südamerika.

21. März 1934: Laura Ingalls fliegt als erste Amerikanerin über die Anden.

Mai 1934: Die Neuseeländerin Jean Batten (1909–1982) unternimmt als erste Frau einen Flug von England nach Australien und zurück.

28. September bis 6. November 1934: Die australische Pilotin Freda Thompson unternimmt den ersten Alleinflug einer Frau von England nach Australien. Während dieser 39 Tage langen Flugreise muss sie 20 Tage auf ein Ersatzteil warten.

23. Oktober 1934: Die amerikanische Ballonfahrerin Jeannette Piccard (1895–1981) fliegt als erste Frau in die Stratosphäre: Sie steigt zusammen mit ihrem Ehemann Jean-Felix Picard (1884–1963) über dem Erisee in eine Höhe von 17.550 Metern auf.

31. Dezember 1934: Die Amerikanerin Helen Richey (1909–1947) wird die erste Pilotin bei einer planmäßigen Airline („Central Airlines").

Anfang 1935: Der amerikanischen Fliegerin Amelia Earhart glückt der erste Flug von Hawaii zum amerikanischen Festland. Diese Route ist länger als die Strecke von den USA nach Europa.

April 1935: Liesel Zangenmeister stellt in Rossitten (Ostpreußen) mit 12 Stunden 57 Minuten einen Dauer-Weltrekord im Segelflug auf.

1935: Amelia Earhart unternimmt als Erste einen Alleinflug von Los Angeles (Kalifornien) nach Mexico City (Mexiko), Flugzeit 13 Stunden 23 Minuten.

1935: Amelia Earhart unternimmt als Erste einen Alleinflug von Mexico City nach Newark, Flugzeit 14 Stunden 19 Minuten.

Ende 1935: Jean Batten fliegt als erste Frau von England nach Südamerika (Brasilien), Flugstrecke rund 5.000 Meilen (umgerechnet 8.000 Kilometer), Flugzeit 61 Stunden 15 Minuten

1936: Katarina Matanovic-Kulenovic (1913–2003) wird die erste kroatische Pilotin.

4. September 1936: Louise Thaden (1905–1979) und Blanche Noyes (1900–1981) besiegen als erste Frauen bei einem Flugwettrennen („Bendix Trophy Race") männliche Piloten. Sie fliegen sie von New York City nach Los Angeles in 14 Stunden 55 Minuten und stellen damit einen Weltrekord auf.

4./5. September 1936: Die englische Pilotin Beryl Markham (1902–1986) fliegt als erste Frau allein von London (England) über den Atlantik nach Nova Scotia (Kanada).

1936: Jean Batten fliegt als erste Frau über den Südatlantik.

1936: Laura Ingalls fliegt als erste Frau nonstop von der Ostküste zur Westküste der USA.

März 1937: Jean Burns wird im Alter von 17 Jahren die jüngste Pilotin in Australien.

17. Mai 1937: Die deutsche Fliegerin Hanna Reitsch (1912–1979) wird als erste Frau der Welt ehrenhalber zum Flugkapitän ernannt. Dieser Titel war sonst Flugzeugführern der „Deutschen Lufthansa" vorbehalten.

Mai 1937: Hanna Reitsch überquert als erste Pilotin der Welt im Segelflug die Alpen.

Juni 1937: Die deutsche Pilotin Eva Schmidt (1914–1945) erreicht eine Weltbestleistung im Segelflug-Streckenflug für

Frauen vom Hornberg (Schwäbische Alb) nach Plauen im Vogtland (Sachsen) und einen Dauerflug-Rekord von 14 Stunden.

Juni 1937: Inge Wetzel stellt in Rossitten (Ostpreußen) mit 18 1/2 Stunden einen Segelflug-Weltrekord im Dauerflug auf, wird aber bereits im Juli 1937 von Feodora Schmidt übertroffen.

1937: Amelia Earhart fliegt – im Rahmen ihrer Erdumrundung – als Erste vom Roten Meer nach Indien.

2. Juli 1937: Amelia Earhart und ihr Navigator Fred Noonan (1893–1937) kehren von ihrer geplanten spektakulären Erdumrundung nicht mehr zurück. Um das ungeklärte Verschwinden der Beiden im Pazifik ranken sich zahlreiche Legenden.

4. Juli 1937: Hanna Reitsch fliegt in Bremen als erste Frau einen Hubschrauber.

1937: Maude Rose „Lores" Bonney fliegt als erste Frau allein von Australien (Brisbane) nach Südafrika (Kapstadt), Flugstrecke 29.088 Kilometer.

1937: Sabiha Gökcen (1913–2001) wird die erste Kampfpilotin der Türkei. Sie fliegt Kampfeinsätze in Thrakien und in der Ägäis.

1937: Die deutsche Fliegerin Melitta Schenk Gräfin von Stauffenberg (1903–1945), geborene Melitta Schiller, besitzt als einzige Frau Deutschlands alle Flugzeugführerscheine für sämtliche Klassen von Motorflugzeugen und Segelflugzeugen sowie den Kunstflugschein.

1937: Die Argentinierin Susanna Ferrari Billinghurst (1914–1999) erwirbt als erste Frau in Südamerika einen kommerziellen Pilotenschein.

1937: Die russischen Pilotinnen Marina Raskowa (1912–1943) und Walentina Stepanowna Grisodubowa (1910–1993) stellen mit einem Nonstop-Flug über 1.443 Kilometer einen Frauenweltrekord auf.

1937: Die amerikanische Fliegerin Jacqueline Cochran (1906–1980) macht als erste Frau einen Blindflug (Instrumentenlandung).

28. Oktober 1937: Melitta Schenk Gräfin von Stauffenberg erhält – nach Hanna Reitsch – als zweite Frau der Welt den Titel „Flugkapitän".

Frühjahr 1938: Hanna Reitsch, die erste Frau mit Helikopter-Lizenz, unternimmt in der riesigen Berliner Deutschlandhalle mit einem Hubschrauber den ersten Hallenflug der Welt.

2. Juli 1938: Den russischen Pilotinnen Walentina Stepanowna Grisodubowa (1910–1993), Wera Lomako (geboren 1913), Polina Ossipenko (1907–1939) und Marina Raskowa (1912–1943) gelingt ein Weltrekord-Fernflug für Frauen von Sewastopol nach Archangelsk über eien Flugstrecke von 2.416 Kilometern.

24./25. September 1938: Marina Raskowa, Walentina Stepanowna Grisodubowa und Polina Ossipenko stellen mit einem 5.908,610 Kilometer langen Fernflug von Moskau nach Kerbi unweit des Ochotskischen Meeres einen Weltrekord für Frauen auf. Am 2. November 1938 erhalten sie für diesen Weltrekord-Fernflug als erste Frauen der sowjetischen Geschichte den Titel „Held der Sowjetunion".

1939: Willa Brown Chappell (1906–1992) wird die erste Afro-amerikanerin mit kommerzieller Pilotenlizenz in den USA

1939/1940: Beate Köstlin (1919–2001), später Beate Uhse, wirkt als erste deutsche Stuntpilotin in den Filmen „D III 88" (1939) und „Achtung, Feind hört mit" (1940) mit.

1. Juli 1941: Die Amerikanerin Jacqueline Cochran überführt als erste Frau einen Bomber über den Atlantik.

Ab 1941: Marina Raskowa und sechs andere weibliche Offiziere organisieren drei nur aus Frauen bestehende sowjetische Fliegerregimenter. Am Ende der Ausbildung werden in Engels drei Regimenter aufgestellt: das 586. Jagdfliegerregiment mit „Jak-2"-Flugzeugen, das 587. Tagbomberregiment mit „Pe-2"-Flugzeugen und das mit „U-2"-Flugzeugen ausgerüstete 588. Nachtbomberregiment („Nachthexen"). Kommandantinnen des 586. Jagdflieger-regiments sind: Lydia Litvak, Raisa Belyayeva, Tamara Pamyatnykh, Raya Surnachevskaya, Marina Kuznetsova. Kommandantinnen des 587. Tagbomberregiments sind: Kladiya Fomicheva, Marina Raskowa, Nadeshda Fedutenko.

Kommandantinnen des 588. Nachtbomberregiments sind: Yevodokya Bershanskaya, Yevgeniya Zhigulenko, Tatyana Makorova, Yevdokia Nosal, Nina Ulynenko.

Oktober 1942: Hanna Reitsch fliegt in Augsburg bei „Messerschmitt" das erste Raketenflugzeug der Welt.

21. März 1943: Cornelia Clark Fort (1919–1943) stirbt bei der Überführung einer Maschine des Typs „BT-13A" als erste Pilotin im Dienst der US-Army, als sie über Merkel, Taylor County (Texas), mit einem anderen Flugzeug zusammenstößt. An sie erinnert der 1945 nach ihr benannte „Cornelia Fort Airport" in Nashville (Tennessee).

14. Okober 1944: Die Amerikanerin Ann G. Baumgartner Carl (1918–2008) ist die erste Frau in einem Turbojet-Kampfflieger.

1948: Betty Skelton Frankman Erde (1926–2011) wird die erste US-Meisterin in Luftakrobatik.

1949: Betty Skelton Frankman Erde stellt mit 7.853 Metern einen Höhenweltrekord für Frauen auf.

16. September 1950: Nancy Bird Walton (1915–2009) gründet die australische Pilotinnenorganisation „Australian Women Pilot's Association" („AWPA")

März 1951: Die deutsche Pilotin Liesel Bach (1905–1992) fliegt als erste Frau über den Himalaja.

1951: Betty Skelton Frankman Erde stellt mit 8.850 Metern einen weiteren Höhenweltrekord für Frauen auf.

April 1953: Iris Wittig (1928–1978) fliegt zusammen mit einem sowjetischen Instrukteur als einer der ersten Piloten in einer „MiG-15UTI", dem ersten Strahlflugzeug der „DDR".

4. Juni 1953: Die amerikanische Pilotin Jacqueline Cochran erreicht mit einem Düsenjäger des Typs „F-86 Sabre" eine Durchschnittsgeschwindigkeit von 1.042 Stundenkilometern und durchbricht dabei in Sturzflügen aus 14.000 Meter Höhe als erste Frau zwei Mal die Schallmauer.

August 1953: Die französische Fliegerin Jacqueline Auriol (1917–2000) durchbricht mit einem Düsenjäger des Typs „Mystère" mit einer Geschwindigkeit von 1.195 Stundenkilometern als erste Europäerin die Schallmauer (Mach1).

1960-er Jahre: Jerrie Cobb besteht als erste Amerikanerin alle drei Tests für das von Jacqueline Cochran finanzierte Programm „Mercury 13". Mit diesem privat finanzierten Programm, das nicht Teil der Astronautenrekrutierung der „NASA" ist, will man beim Wettrennen im Weltraum mit der ersten Frau im All der Sowjetunion zuvorkommen. Der Name des Projektes beruht darauf, dass von den insgesamt 20 getesteten Frauen 13 die Tests bestehen: außer Jerrie Cobb später auch Myrte Cagle, Jan Dietrich, Marion Dietrich, Wally Funk, Janey Hart, Jean Hixson, Gene Nora Stumbough, Irene Leverton, Bernice Steadman, Sarah Ratley, Jerri Truhill und

Rhea Woltman. Jerry Cobb, Rhea Hurle und Wally Funk unterziehen sich in Oklahoma City noch weiteren Tests und einer psychologischen Bewertung. Wenige Tage, bevor einige Frauen sich erweiterten Tests in Pensacola (Florida) in der „Naval School of Aviation Medicine" mit Militärausrüstung und Jets unterziehen sollen, erhalten sie ein Telegramm, in dem der Abbruch des Projekts mitgeteilt wird. Die Navy ist nicht bereit, ihr Equipment für ein inoffizielles Projekt bereitzustellen. Im Mai 2007 verleiht die „University of Wisconsin-Oshkosh" den damals noch acht lebenden Frauen von „Mercury 13" Ehrendoktortitel für ihren „Pioniergeist und die Anstrengungen bei der Weiterentwicklung der Frauenrechte".

16. Juni 1963: Die russische Kosmonautin Walentina Tereschkowa startet in Baikonur (Kasachstan) an Bord des Raumschiffes „Wostock VI" als erste Frau ins Weltall. Sie umkreist 49 Mal die Erde, bevor sie am 19. Juni 1963 in Novosivbirsk landet.

26. August 1963: Diana Barnato Walker (1918–2008) durchbricht als erste Britin die Schallmauer.

19. März bis 17. April 1964: Geraldine „Jerry" Mock fliegt als erste Amerikanerin erfolgreich um die Welt. Vor ihr hatte dies 1931 schon die deutsche Fliegerin Elly Beinhorn getan. Weil der Weltflug von Elly Beinhorn in den USA nicht allgemein bekannt ist, wird Geraldine „Jerry Mock" dort oft irrtümlich als Frau erwähnt, die als Erste um die Welt geflogen sein soll.

Juni 1966: Berta Zeron (1924–2000) wird die erste Frau in Mexiko mit einem kommerziellen Pilotenschein.

1966: Die britische Pilotin Sheila Scott (1927–1988) fliegt 50.000 Kilometer in 189 Flugstunden.

1967: Ursula Bühler-Hedinger (1943–2009) wird die erste schweizerische Linienpilotin und Jetpilotin.

28. März 1967: Fiorenza de Bernardi wird die erste Airline-Pilotin in Italien (nach eigenen Angaben die fünfte der Welt) und im selben Jahr in ihrem Heimatland auch der erste weibliche Flugkapitän.

1969: Turi Wideroe wird der erste weibliche Luftverkehrspilot bei einer großen Fluggesellschaft in Norwegen. Sie fliegt im Dienste der „Scandinavian Airlines Systems" („SAS").

28. Juni 1971: Die amerikanische Pilotin Louise Sacchi (1913–1997) stellt bei einem Flug von New York nach London innerhalb von 17 Stunden 10 Minuten einen Geschwindigkeitsrekord auf.

1971: Sheila Scott fliegt bei einem Langstreckenflug über 50.000 Kilometer als erste Frau mit einem Leichtflugzeug über den Nordpol.

29. Januar 1973: Emily Howell Warner wird die erste Pilotin für eine kommerzielle Airline in den USA.

22. Februar 1974: Barbara Ann Rainey (1948–1982), geborene Barbara Ann Allen, wird die erste Marinepilotin der „United States Navy".

4. Juni 1974: Sally Murphy qualifiziert sich als erste Frau als Pilotin für die „United States Army".

1974: Die Italienerin Fiorenza di Bernardi wird die erste Gletscherpilotin der Welt.

1974: Die Amerikanerin Marry Barr wird die erste Pilotin in der Forstwirtschaft („United States Forest Service") der Vereinigten Staaten.

1974: Captain Leslie F. Kenne wird die erste Frau an der Testpilotenschule der US-Luftwaffe.

1974: Wally Funk wird die erste Inspektorin der Flugsicherung innerhalb der amerikanischen Verkehrsbehörde „National Transportation Safety Board" („NTSB") in Washington D.C. Die „NTSB" befasst sich mit der Aufklärung von Un- glücksfällen im Transportwesen (Eisenbahnen, Luftfahrt, Schifffahrt, Pipelines und Autobahnen). Für die Luftfahrt entspricht der Aufgabenbereich der Bundesstelle für Flug- unfalluntersuchung in Deutschland.

6. Juni 1976: Emily Howell Warner wird der erste weibliche Kapitän einer US-Airline.

Ende 1976: Die deutsche Pilotin Rita Maiburg (1951–1977) wird der erste und einzige weibliche Flugkapitän im regulären

Liniendienst der westlichen Welt. Die Bulgarin Maria Atanasova kommandiert damals eine düsengetriebene Frachtmaschine, die Engländerin Yvonne Sintes ist Captain bei einer britischen Chartergesellschaft

1976: Rosemary Bryant Mariner fliegt als erste Frau ein leichtes Kampfflugzeug.

1978: Rhea Seddon (geboren 1947) , Kathryn Sullivan (geboren 1951), Judith A. Resnik (1949–1986), Sally Kristen Ride (geboren 1951), Anna Lee Fisher (geboren 1949) und Shannon Lucid (geboren 1942) werden als erste Frauen in das Astronautencorps der „NASA" aufgenommen.

11. April 1980: Eleanor Conn unternimmt mit ihrem Ehemann Sidney Conn die erste Ballonfahrt über den Nordpol.

2. Juli 1980: Die Amerikanerin Lynn Rippelmeyer fliegt als erste Frau einen Jumbo-Jet „Boeing 747".

3. Dezember 1980: Die Amerikanerin Janice Brown unternimmt in der Nähe von Marana (Arizona) mit einem kleinen Solarflugzeug namens „Solar Challenger" den ersten Langstrecken-Solarflug (Flugstrecke 6 Meilen, Flugzeit 22 Minuten).

1980: Deborah Jane Lawrie wird die erste Pilotin bei einer australischen Fluggesellschaft.

14. Februar 1981: Neta Snook (1896–1991) ist mit 85 Jahren die älteste Pilotin der USA.

11. März 1981: Die Amerikanerin Doris Grove stellt mit 1.127,68 Kilometern einen Segelflug-Weltrekord auf.

17. Dezember 1982: Die amerikanische Pilotin Mary Haizlip (1910–1997) wird als erste Frau in der Luft- und Raumfahrt in die „Oklahoma Aviation and Space Hall of Fame" aufgenommen.

18. Juni 1983: Die Astronautin Sally Kristen Ride fliegt als erste Amerikanerin im Weltall.

1983: Regula Eichenberger wird die erste Linienpilotin bei einer schweizerischen Airline („Crossair").

19. Juli 1984: Die amerikanische Pilotin Lynn Rippelmeyer fliegt als erster weiblicher Kapitän mit einer „Boeing 747" über den Atlantik. Der Start erfolgt in Newark, die Landung in London-Gatwick.

19. Juli 1984: Die amerikanische Pilotin Beverly Lynn Burns fliegt als erster weibliche Kapitän mit einer „Boeing 747" über die USA. Ihr historischer Flug mit einer Maschine der Fluggesellschaft „PEOPLExpress" führt von Newark nach Los Angeles.

25. Juli 1984: Die sowjetische Kosmonautin Swetlana Sawizkaja unternimmt als erste Frau einen Spaziergang im Weltall.

11. Oktober 1984: Die Astronautin Kathryn Dwyer Sullivan unternimmt als erste Amerikanerin einen Spaziergang im All.

14. Dezember 1986: Die amerikanische Astronautin Jeana Yeaeger startet zusammen mit Dick Rutan mit einem Voyager-Flugzeug zur ersten Nonstop-Weltraumumrundung ohne Auftanken und Zwischenlanden. Sie fliegen in 9 Tagen 3 Minuten 44 Sekunden eine Strecke von insgesamt 42.120 Kilometern.

1989: Gaby Kennard fliegt als erste Australierin mit einem Flugzeug des Typs „Piper Saratoga" namens „Gerty" in 99 Tagen allein um die Welt.

1990: Allana Arnot (geb. 1967) fliegt als erste Australierin mit einem Hubschrauber um die Welt.

1990: Rosemary Bryant Mariner wird die erste Kommandantin einer operativen Fliegerstaffel in den USA.

Winter 1990: Rosella Bjornsön wird der erste weibliche Kapitän für eine kommerzielle Fluggesellschaft in Kanada.

14. Mai 1992: Die amerikanische Astronautin Kathryn Thornton unternimmt den längsten Spaziergang im Weltall. Er dauert 7 Stunden 44 Minuten.

12. bis 20. September 1992: Carol Mae Jemison fliegt mit der Raumfähre „Endeauvour" als erste afro-amerikanische Astronautin im Weltall.

1. Oktober 1992: Die Amerikanerin Victoria („Vicki") von Meter (1982–2008) erregt als jüngste Fliegerin der Welt großes Aufsehen. Sie steuert als Zehnjährige erstmals ein Flugzeug,

25. März 1993: Die Britin Barbara Hamer ist die erste Frau, die – als Erster Offizier und Kopilotin – mit einem kommerziellen Überschallflugzeug fliegt. Dies geschieht bei einem Flug mit „British Airways" auf der „Concorde" von London nach New York City.

20. bis 23. September 1993: Vicki van Meter überfliegt im Alter von elf Jahren die USA – von Augusta (Maine) nach San Diego (Kalifornien).

1993: Sarah Deal wird erster weiblicher Pilot des „United States Marine Corps".

21. April 1994: Jackie Parker qualifiziert sich als erste Pilotin für das F-16-Kampfflugzeug.

4. bis 7. Juni 1994: Vicki van Meter überfliegt im Alter von zwölf Jahren den Atlantik.

12. Juli 1994: Die elfjährige Amerikanerin Katrina Mumaw wird das „schnellste Kind der Welt": Sie bricht zusammen mit einem russischen Piloten in einem „MiG-29"-Kampfjet die Schallmauer.

1994: Kara Hultgreen (1965–1994) wird die erste Kampfpilotin der US-Marine in einer „F-14 Tomcat".

3. Oktober 1994 bis 22. März 1995: Die Russin Elena Kondakowa, nach anderer Schreibweise Yelena Vladimirovna Kondakova, unternimmt den ersten Dauerflug einer Frau im All.

3. bis 11. Februar 1995: Eileen Collins wird die erste amerikanische Raumfährenpilotin bzw. Shuttlepilotin.

1995: Martha McSally unternimmt bei der Operation „Southern Watch" als erste Pilotin der US-Luftwaffe (von Kuwait aus) Kontrollflüge in feindlichem Gebiet (Irak). Sie ist die erste Pilotin der „U.S. Air Force", die mit einem Militärflugzeug über Feindgebiet fliegt.

22. März bis 26. September 1996: Shannon Lucid wird mit einem 188 Tage langen Flug die Amerikanerin, die sich am längsten im Weltraum aufhält.

19. November 1997: Kalpana Chawla (1961–2003) unternimmt mit der amerikanischen Raumfähre „Columbia" als erste Inderin einen Flug im Weltall.

16. Dezember 1998: Kendra Williams, Leutnant bei der „United States Navy", bombardiert bei der Operation „Desert Fox" als erster weiblicher Kampfpilot der USA über dem Irak ein feindliches Ziel.

12. Januar 1999: Erstmals ist das Cockpit einer „Swissair"-Maschine ausschließlich mit Frauen besetzt: Kapitän Gabrielle Musy-Lüthi und Kopilotin Claudia Wehrli fliegen einen „Airbus A320" von Zürich-Kloten nach Paris.

23. bis 28. Juli 1999: Eileen Collins wird die erste Kommandantin einer amerikanischen Raumfähre („Space Shuttle").

Januar bis Mai 2001: Die Britin Polly Vacher unternimmt als erste Frau mit einem Kleinflugzeug („Piper PA-28 Cherokee Dakota G-FRGN") – über Australien – einen Flug um die Welt.

6. Mai 2003 bis 27. April 2004: Polly Vacher fliegt von Birmingham aus über den Nordpol, die Antarktis und alle Erdteile. Damit wird sie die erste Frau, die allein die Polarregionen überquert. Bei diesem Unternehmen fliegt sie auch innerhalb von 16 Stunden von Hawaii nach Kalifornien.

Um 2005: Hanadi Zakaria al-Hindi wird der erste weibliche Flugkapitän in Saudi-Arabien.

13. März 2006: Die amerikanische Pilotin Elizabeth A. Okoreeh-Baah fliegt als erste Frau ein senkrecht startendes „V-22 Osprey Tiltrotor"-Flugzeug.

2006: Nicole Malachowski wird als erste Frau bei den „Thunderbirds", einer Kunstflugstaffel der Luftstreitkräfte der USA, aufgenommen.

18. bis 29. September 2006: Die amerikanisch-iranische Multimillionärin Anoushe Ansari wird der erste weibliche Weltraumtourist, der erste weibliche Muslim und die erste Iranerin im Weltraum. Sie startet am 18. September 2006 mit einem Sojus-Raumschiff zur „Internationalen Raumstation" („ISS"), erreicht am 20. September die „ISS" und kehrt am 29. September 2006 mit „Sojus TMA-8" zur Erde zurück.

Autor Ernst Probst,
Foto: Klaus Benz, Fotograf, Mainz-Laubenheim

Der Autor

Ernst Probst, geboren am 20. Januar 1946 in Neunburg vorm Wald im bayerischen Regierungsbezirk Oberpfalz, ist Journalist und Wissenschaftsautor. Er arbeitete von 1968 bis 1971 als Redakteur bei den „Nürnberger Nachrichten", von 1971 bis 1973 in der Zentralredaktion des „Ring Nordbayerischer Tageszeitungen" in Bayreuth und von 1973 bis 2001 bei der „Allgemeinen Zeitung", Mainz. In seiner Freizeit schrieb er Artikel für die „Frankfurter Allgemeine Zeitung", „Süddeutsche Zeitung", „Die Welt", „Frankfurter Rundschau", „Neue Zürcher Zeitung", „Tages-Anzeiger", Zürich, „Salzburger Nachrichten", „Die Zeit", „Rheinischer Merkur", „Deutsches Allgemeines Sonntagsblatt", „bild der wissenschaft", „kosmos", „Deutsche Presse-Agentur" (dpa), „Associated Press" (AP) und den „Deutschen Forschungsdienst" (df). Aus seiner Feder stammen die Bücher „Deutschland in der Urzeit" (1986), „Deutschland in der Steinzeit" (1991), „Rekorde der Urzeit" (1992), „Dinosaurier in Deutschland" (1993 zusammen mit Raymund Windolf) und „Deutschland in der Bronzezeit" (1996). Von 1986 bis heute veröffentlichte Ernst Probst rund 300 Bücher, Taschenbücher und Broschüren sowie über 300 E-Books.

E-Books über „Königinnen der Lüfte"

Aida de Acosta. Erster Alleinflug mit einem lenkbaren
Luftschiff
Elsa Andersson. Die erste Pilotin aus Schweden
Jacqueline Auriol. Sie durchbrach als erste Europäerin
die Schallmauer
Liesel Bach. Deutschlands erfolgreichste Kunstfliegerin
Pancho Barnes. Amerikas erste Stuntpilotin
Maryse Bastié. Die Fliegerin, die acht Weltrekorde brach
Jean Batten. Neuseelands berühmteste Pilotin
Melli Beese. Die erste Deutsche mit Pilotenlizenz
Elly Beinhorn. Deutschlands Meisterfliegerin
Vera von Bissing. Eine Kunstfliegerin der 1930-er Jahre
Sophie Blanchard. Die erste professionelle Luftschifferin
Adrienne Bolland. Die erste Frau, die über die Anden flog
Hèléne Boucher. Die französische „Wunderfliegerin"
Kalpana Chawla. Die erste Inderin im Weltall
Jacqueline Cochran. Die „schnellste Frau der Welt"
Bessie Coleman. Die erste Afro-Amerikanerin mit
Pilotenschein
Eileen Collins. Die erste Raumfähren-Pilotin
Hèléne Dutrieu. Die erste Pilotin in Belgien
Amelia Earhart. Die erste Frau, die zwei Mal über den
Atlantik flog
Ruth Elder. Die erste Frau, die den Flug über den Atlantik
wagte
Marga von Etzdorf. Die tragische deutsche Fliegerin
Elise Garnerin. Die „Venus im Ballon"
Sabiha Gökcen. Die erste türkische Pilotin
Frances Wilson Grayson. Tragischer Flug über den Atlantik

Hilda Hewlett. Die erste britische Fliegerin
Maryse Hilsz. Die Rekordfliegerin aus Frankreich
Luise Hoffmann. Die erste deutsche Einfliegerin
Kara Spears Hultgreen. Die erste „F-14 Tomcat"-
Kampfpilotin
Laura Ingalls. Die erste Amerikanerin, die über Südamerika
flog
Carol Mae Jemison. Die erste afro-amerikanische
Astronautin
Amy Johnson-Mollison. Englands erste
Flugzeugmechanikerin
Thea Knorr. Die erste Schleißheimer Fliegerin
Raymonde de Laroche. Die erste Pilotin der Welt
Ruth Law. Erste Luftpost für die Philippinen
Anne Morrow Lindbergh. Die erste Amerikanerin mit
Segelflugschein.
Anne Löwenstein-Wertheim. Die fliegende Prinzessin
Shannon Lucid. Der längste Raumflug einer Frau
Rita Maiburg. Einer der ersten weiblichen
Linienflugkapitäne
Beryl Markham. Die erste Berufspilotin in Ostafrika
Marie Marvingt. Die „Mutter der Luftambulanz"
Christa McAuliffe. Die amerikanische Nationalheldin
Victoria van Meter. Die jüngste Fliegerin der Welt
Jerry Mock. Im Alleinflug um die Erde
Mathilde Moisant. Eine frühe Fliegerin in den USA
Käthe Paulus. Deutschlands erste Luftschifferin
Thérèse Peltier. Die erste Flugzeugpassagierin der Welt
Harriet Quimby. Die erste Amerikanerin mit Flugschein
Bessica Medlar Raiche. Eine der ersten Fliegerinnen
in den USA

Barbara Allen Rainey. Die erste Marinepilotin der USA
Thea Rasche. The Flying Fräulein
Marina Raskowa. Eine fliegende „Heldin der Sowjetunion"
Wilhelmine Reichard. Die erste Ballonfahrerin in
Deutschland
Hanna Reitsch. Die Pilotin der Weltklasse
Sally Kristen Ride. Die erste Amerikanerin im Weltall
Swetlana Sawizkaja. Die erste Spaziergängerin im Weltall
Melitta Schenk Gräfin von Stauffenberg. Heldin mit
Gewissensbissen
Katherine Stinson und Marjorie Stinson. Die fliegenden
Schwestern
Kathryn Dwyer Sullivan. Rekordspaziergängerin im Weltall
Walentina Tereschkowa. Die erste Frau im Kosmos
Élisabeth Thible. Die erste Passagierin einer Montgolfière
Kathryn Thornton. Berühmte Spaziergängerin im Weltall
Sabine Trube. Die deutsche Düsenjet-Kommandantin
Beate Uhse. Deutschlands erste Stuntpilotin
Nancy Bird Walton. Australiens erste und jüngste
Verkehrspilotin

Bestellungen bei: www.grin.com

Bücher von Ernst Probst

Cortes und Malinche. Der spanische Eroberer und seine
indianische Geliebte
Der Schwarze Peter. Ein Räuber im Hunsrück und
Odenwald
Elisabeth I. Tudor. Die jungfräuliche Königin
Julchen Blasius. Die Räuberbraut des Schinderhannes
Frauen im Weltall
Königinnen der Lüfte von A bis Z
Königinnen der Lüfte in Deutschland
Königinnen der Lüfte in Frankreich
Königinnen der Lüfte in Amerika
Christl-Marie Schultes. Die erste Fliegerin in Bayern
(zusammen mit Theo Lederer)
Sturzflüge für Deutschland. Kurzbiografie der Testpilotin
Melitta Schenk Gräfin von Stauffenberg (zusammen mit
Heiko Peter Melle)
Tony und Bruno Werntgen. Zwei Leben für die Luftfahrt
(zusammen mit Paul Wirtz)
Königinnen des Films 1. Biografien berühmter
Schauspielerinnen von Lucie Ball bis zu Sophia Loren
Königinnen des Films 2. Biografien berühmter
Schauspielerinnen von Anna Magnani bis zu Mae West
Königinnen des Tanzes
Königinnen des Theaters
Machbuba. Die Sklavin und der Fürst
Malende Superfrauen
Maria Stuart. Schottlands tragische Königin
Meine Worte sind wie die Sterne. Die Entstehung der Rede
des Häuptlings Seattle (zusammen mit Sonja Probst,
verheiratete Sonja Werner)

Höhlenlöwen. Raubkatzen im Eiszeitalter
Löwenfunde aus Deutschland, Österreich und der Schweiz
Der Mosbacher Löwe. Die riesige Raubkatze aus Wiesbaden
Säbelzahnkatzen. Von Machairodus bis zu Smilodon
Der Höhlenbär
Tiere der Urwelt. Leben und Werk des Berliner Malers
Heinrich Harder
Monstern auf der Spur. Wie die Sagen über Drachen, Riesen
und Einhörner entstanden
Affenmenschen. Von Bigfoot bis zum Yeti
Seeungeheuer. 100 Monster von A bis Z
Der Ball ist ein Sauhund. Weisheiten und Torheiten über
Fußball (zusammen mit Doris Probst)
Worte sind wie Waffen. Weisheiten und Torheiten über die
Medien (zusammen mit Doris Probst)
Schweigen ist nicht immer Gold. 500 Zitate von A bis Z
Weisheiten der Indianer

Bestellungen bei www.grin.com